Aviones bombarderos

Grace Hansen

VEHÍCULOS Y AERONAVES MILITARES

Abdo Kids

abdopublishing.com

Published by Abdo Kids, a division of ABDO, PO Box 398166, Minneapolis, Minnesota 55439.

Printed in the United States of America, North Mankato, Minnesota.

052017

092017

THIS BOOK CONTAINS RECYCLED MATERIALS

Spanish Translator: Maria Puchol

Photo Credits: af.mil, Alamy, Images of Freedom, iStock, Shutterstock, ©Eugene Berman p.cover, ©Anatoliy Lukich p.22 / Shutterstock.com

Production Contributors: Teddy Borth, Jennie Forsberg, Grace Hansen

Design Contributors: Laura Mitchell, Dorothy Toth

Publisher's Cataloging in Publication Data

Names: Hansen, Grace, author.

Title: Aviones bombarderos / by Grace Hansen.

Other titles: Military bomber aircraft

Description: Minneapolis, Minnesota : Abdo Kids, 2018. | Series: Vehículos y
    aeronaves militares | Includes bibliographical references and index.

Identifiers: LCCN 2016963374 | ISBN 9781532102103 (lib. bdg.) |
    ISBN 9781532102905 (ebook)

Subjects: LCSH: Bombers--Juvenile literature. | Attack planes--Juvenile literature.
    | Airplanes, Military--Juvenile literature. | Fighter planes--Juvenile literature. |
    Spanish language materials--Juvenile literature.

Classification: DDC 623.74--dc23

LC record available at http://lccn.loc.gov/2016963374

Contenido

Los aviones bombarderos

Los bombarderos están diseñados para combate aire-tierra. Su principal misión es destruir objetivos grandes.

4

5

El B-1B Lancer

El B-1B Lancer es un bombardero pesado multiusos. Es el bombardero de más capacidad interna de carga. ¡Puede llevar 75,000 libras (34,000 kg)!

La tripulación del B-1B es de cuatro personas. El piloto y el copiloto, además del oficial de sistemas defensivos y el de sistemas ofensivos.

El B-52 Stratofortress

El B-52 Stratofortress es un bombardero estratégico de largo alcance. Se utiliza para muchas misiones diferentes. Puede adentrarse en el territorio enemigo. También puede ofrecer apoyo aéreo cercano.

La tripulación del B-52 es de cinco personas. El piloto, el copiloto, el navegante, el navegante de radar y el oficial de guerra electrónica. El oficial de guerra electrónica es el responsable de vencer al armamento enemigo.

Este bombardero puede llevar cualquier armamento de la Fuerza Aérea de los Estados Unidos. Lleva el armamento en la bodega de armas y bajo las alas.

El B-2 Spirit

El B-2 Spirit es un bombardero **furtivo** de largo alcance. Su forma y una pintura especial exterior lo hacen difícil de detectar. Esto significa que el **radar** enemigo no lo puede ver.

El B-2 es muy silencioso.
Puede volar a más de 50,000
pies de altura (15.24 km).
Vuela por territorio enemigo
sin ser detectado. Su principal
misión es destruir objetivos de
gran importancia.

19

La tripulación del B-2 es de dos personas. El piloto se sienta a la izquierda. El comandante de la misión se sienta a la derecha. El comandante es responsable de hasta 40,000 libras de bombas (18,000 kg).

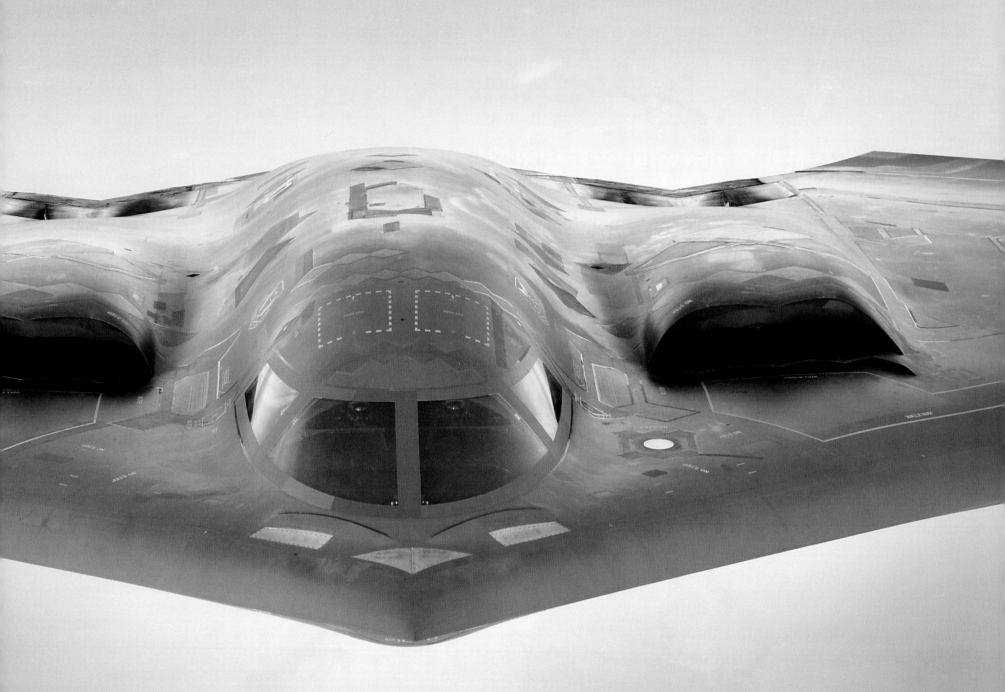

El B-2 Spirit de cerca

- Cuatro motores turbofan F118-GE-100

- La longitud de sus alas es igual a la mitad de un campo de fútbol americano, pero para un radar es tan pequeño como un pájaro

- Revestimiento no detectable para radares

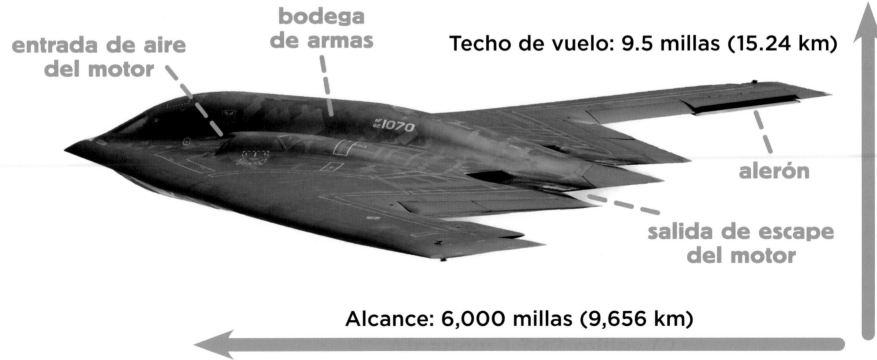

entrada de aire del motor

bodega de armas

Techo de vuelo: 9.5 millas (15.24 km)

alerón

salida de escape del motor

Alcance: 6,000 millas (9,656 km)

Glosario

carga – cargamento de bombas, de cabezas nucleares o de pasajeros que un avión entrega en un destino.

furtivo – que es difícil de detectar visual y auditivamente, o con radares o infrarrojos.

radar – aparato que determina la presencia y localización de un objeto, midiendo el tiempo de retorno del eco de una onda de radio.

Índice

abdokids.com

¡Usa este código para entrar en abdokids.com y tener acceso a juegos, arte, videos y mucho más!

Código Abdo Kids:
MMK9343